THÉÂTRES D'ARGOS

ÉCOLE FRANÇAISE D'ATHÈNES

Sites et monuments

ÉCOLE FRANÇAISE D'ATHÈNES

SITES ET MONUMENTS X

THÉÂTRES D'ARGOS

par

Jean-Charles MORETTI

Avec la collaboration de

Stephan DIEZ,
Architecte

ÉCOLE FRANÇAISE D'ATHÈNES
6, rue Didotou, 106 80 ATHÈNES
Dépositaire :
DIFFUSION DE BOCCARD
11, rue de Médicis, 75006 PARIS

1993

Cinq lieux de réunion où des dispositifs architecturaux de types différents permettaient à un ensemble de personnes d'assister à un même spectacle ou de participer à une assemblée ont été fouillés à Argos. Ces cinq constructions méritent le nom de théâtre *, si l'on considère comme essentiel dans cette catégorie de monuments l'aménagement d'une aire pour les spectateurs. Ces édifices de spectacle sont divers par leurs fonctions et par leur chronologie, qui s'étend du v siècle avant J.-C. à la fin du iv siècle après J.-C. : ils illustrent la plupart des types d'architecture théâtrale grecque et des étapes de leur évolution.

La description de ces monuments constitue la première partie de ce fascicule. Le premier bâtiment décrit (le théatron * de l'agora) est situé aux abords de la place antique. Les trois suivants (le grand théâtre, l'odéon * et le théatron à gradins droits) sont adossés au promontoire que présente l'acropole de la ville, la Larissa, à l'extrémité Sud de son flanc Est. Le dernier, enfin, se trouve dans le sanctuaire d'Apollon Pythéen, sis sur le flanc Sud-Ouest de la colline du Prophète Élie. L'analyse de chaque monument est accompagnée de plans particuliers. Le croquis placé au revers de la couverture (fig. 1) indique leur situation respective dans la ville. Chaque monument est affecté d'un numéro imprimé en caractère gras, qui sert pour les renvois internes.

La seconde partie définit la place de ces monuments dans l'urbanisme argien et les situe dans l'histoire de l'architecture théâtrale grecque.

(*) A la fin du fascicule (p. 43-44), un glossaire donne la définition des termes techniques utilisés. Lors de leur première utilisation dans le texte, ces termes sont signalés par un astérisque.

DESCRIPTION DES MONUMENTS

1. Le théatron de l'agora [1].

Le théatron de l'agora est situé dans la partie Nord-Ouest de la place antique, soit à l'Est de la petite fontaine d'époque ottomane construite à l'angle de l'actuelle rue du théâtre et de la route de Tripoli. Il se compose d'une orchestra* bordée par un banc.

La fouille, entreprise en 1985, n'est pas achevée. La description présentée ci-dessous correspond à l'état de la recherche en 1990.

LE MONUMENT (fig. 2-4). L'unique banc est haut de 0,37 m, profond de 0,51 m et usé à sa surface supérieure. Il formait un demi-cercle outrepassé, de 28 m de diamètre, placé contre une construction qui dominait l'agora sur son flanc Nord et dont il demeure en place quelques éléments de la krépis. L'une des jonctions entre les deux constructions est visible dans la zone fouillée. Le siège est conservé sur environ 13 m, interrompu par un passage de 1,20 m. Un sondage, aujourd'hui remblayé, effectué par le Service archéologique grec, en a mis au jour une courte section à l'Est du bâtiment de briques crues qui limite actuellement le chantier de fouilles. La différence de niveau (0,45 m ±) qui existait, dans le premier état du théatron, entre l'orchestra par lui circonscrite et le sol de la zone environnante était compensée par deux degrés, que l'on aperçoit sur la face externe du monument. Ce n'est que par la suite que le sol intérieur fut abaissé et remplacé par le revêtement de béton dégagé par la fouille. Dans la partie centrale de l'aire définie par le banc se trouve un massif long de 8,70 m, accolé à la krépis. Sous une élévation de blocs de remploi, parmi lesquels on reconnaît les éléments d'un autel à triglyphes bas, on distingue deux fondations de poros.

(1) Chroniques de fouilles : A. PARIENTE, *BCH* 110 (1986), p. 766-767 ; 111 (1987), p. 591-595 ; 112 (1988), p. 700-708.

Fig. 2. — Vue générale du théatron de l'agora, du Sud-Ouest.

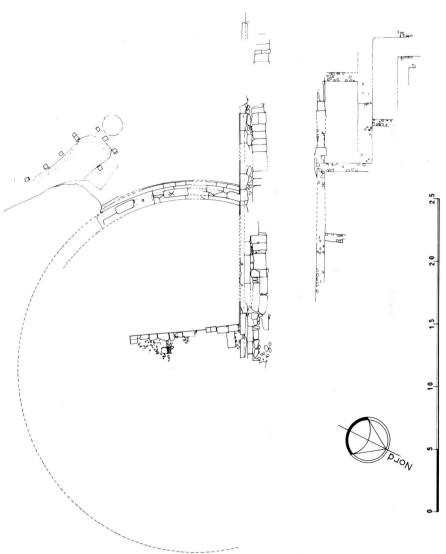

Fig. 3. — Plan du théatron de l'agora. En tireté restitution hypothétique (1/300ᵉ).

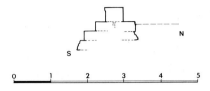

Fig. 4. — Coupe sur le banc
du théatron de l'agora (1/100ᵉ).

FONCTION ET CHRONOLOGIE. L'interprétation de ce dispositif est en grande partie tributaire de son rapport chronologique avec la krépis. On peut disputer pour savoir si celle-ci est antérieure à celui-là ou si elle en est contemporaine, mais plusieurs éléments interdisent de penser que la krépis a coupé une structure précédemment circulaire. La forme de la construction, les dimensions de son assise supérieure et les traces d'usure qu'elle présente à sa surface fondent l'identification du dispositif arqué comme un théatron à un seul banc.

Selon A. Pariente, le théatron serait de peu postérieur à la krépis. Dans son premier état, que l'on peut situer dans le courant du IVᵉ siècle avant J.-C., l'orchestra aurait possédé en son centre un autel, dont il ne demeure en place que les fondations de poros. L'aire consacrée délimitée par le banc servait vraisemblablement aux évolutions de chœurs. La présence d'un tel aménagement cultuel parle en faveur de l'identification de la construction à laquelle il est associé comme la limite méridionale du sanctuaire d'Apollon Lycien, que la lecture de la *Périégèse* de Pausanias et la découverte à l'entour de blocs provenant du téménos invitent à localiser dans cette zone de l'agora[2]. Aux environs de 200 après J.-C. le sol de l'aire fut abaissé, bétonné et étanchéifié avec du mortier hydraulique et l'ensemble transformé en bassin.

(2) G. ROUX, «Deux études d'archéologie péloponnésienne. I. Autel à *triglyphes bas* trouvé sur l'Agora d'Argos», *BCH* 77 (1953), p. 116-123; M. PIÉRART et J.-P. THALMANN, *BCH* 102 (1978), p. 790; J. DES COURTILS, «Note de topographie argienne», *BCH* 105 (1981), p. 607-610.

Fig. 5. — Vue générale du théâtre, de l'odéon et du théâtron à gradins droits, du Nord-Est.

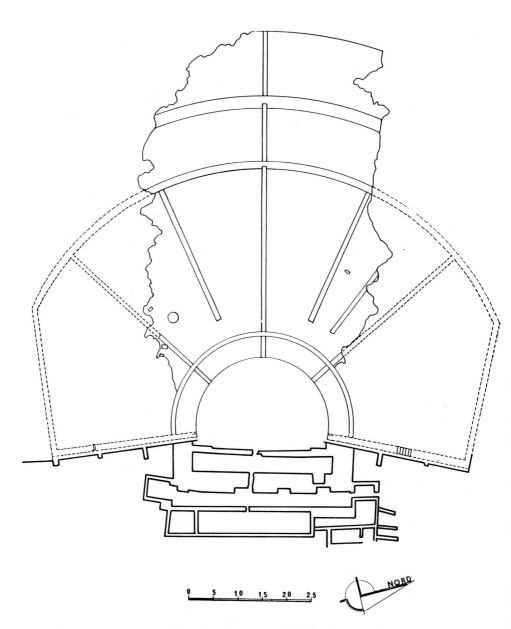

Fig. 6. — Plan général du théâtre.
En tireté restitution hypothétique des limites inférieures du koilon (1/750ᵉ).

Fig. 7. — Le deuxième diazoma du théâtre (seul dans l'état hellénistique), du Sud.

2. Le grand théâtre[3].

Le théâtre (fig. 5-6) était relié à l'angle Nord-Ouest de l'agora par une rue, bordée, à l'époque impériale, par des thermes, dont l'un des murs de briques s'élève encore à plus de 12 m de hauteur. Il est composé de trois parties :

— le koilon* : son rayon, dans la partie médiane, atteint 77,28 m. Il comporte un premier rang à dossier, qui dessine un demi-cercle outrepassé, et quatre-vingt-deux gradins (ht. : 0,35 m ± ; prof. : 0,72 m ±), divisés horizontalement en quatre sections par trois diazomas* (fig. 7), et verticalement en quatre kerkis*, par cinq

(3) Chroniques de fouilles : W. Vollgraff, «Le théâtre d'Argos», *Mnemosyne* 4 (1951), p. 192-203 ; J. Bingen, *BCH* 79 (1955), p. 314-323 ; G. Roux, *BCH* 80 (1956), p. 376-395 ; 81 (1957), p. 638-646 ; C. Abadie et J. des Courtils, *BCH* 106 (1982), p. 644-647 ; 107 (1983), p. 839-841 ; J.-Ch. Moretti, *BCH* 111 (1987), p. 603-607 ; 112 (1988), p. 716-720 ; 113 (1989), p. 717-722 ; 114 (1990), p. 866-872. Présentation synthétique : J.-Ch. Moretti, *REG* 102 (1989), p. xiv-xv.

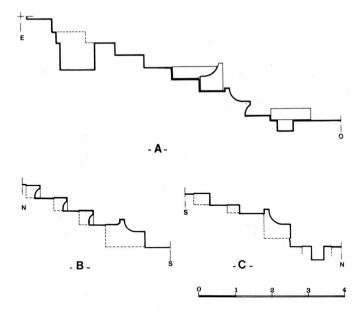

Fig. 8. — Coupes sur les différents types de gradins
du théâtre (1/100ᵉ) :
A. Proédrie, premiers gradins et tribune dans la kerkis médiane
Nord.
B. Proédrie et premiers gradins de la kerkis septentrionale.
C. Proédrie et premiers gradins de la kerkis méridionale.

escaliers principaux, qui prennent leur naissance au niveau de
l'orchestra. Il se peut que cette division du koilon en quatre sections
soit à l'image de la division de la population argienne en quatre
tribus. Les kerkis médianes sont taillées dans le rocher, les kerkis
latérales construites avec des gradins de pierre posés sur un remblai.
Deux gradins de ce type sont en place au Sud et quatre au Nord. Leur
partie antérieure, en pierre, servait de siège, leur partie postérieure,
en terre, servait de repose-pied aux spectateurs de la rangée
supérieure. Alors que les gradins de la kerkis latérale Sud (fig. 8 C) ont
des parois antérieures planes, comme ceux des kerkis taillées dans la
roche naturelle (fig. 8 A), ceux de la kerkis latérale Nord ont des
parois antérieures évidées (fig. 8 B), ce qui permettait aux spectateurs
de ramener leurs pieds sous leur siège ;

Fig. 9. — L'orchestra et le bâtiment de scène du théâtre, de l'Ouest.

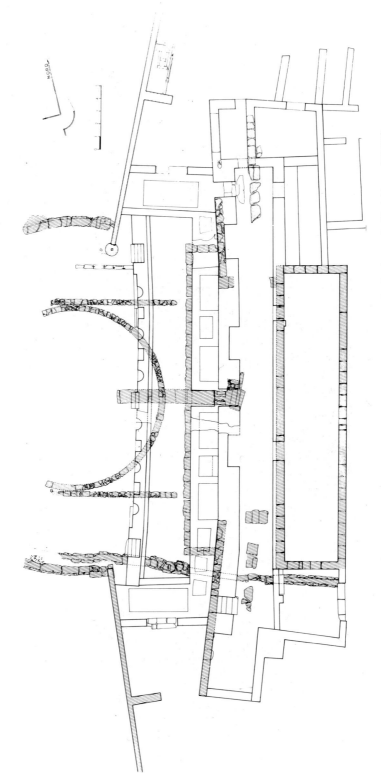

Fig. 10. — Plan du bâtiment de scène du théâtre. En grisé : les vestiges du bâtiment hellénistique (1/300ᵉ).

Fig. 11. — Le passage souterrain du théâtre, de l'Ouest.

— l'orchestra (fig. 9) : son rayon moyen mesuré à la paroi antérieure de la proédrie* est de 13,34 m. Elle est bordée d'un caniveau, qui évacuait vers la rue antique les eaux de pluie ruisselant sur les gradins ;

— le bâtiment de scène : on y reconnaît, en progressant de l'Ouest vers l'Est, c'est-à-dire en s'éloignant des gradins, les vestiges de l'estrade, jadis recouverte d'un plancher, sur lequel évoluaient les artistes, ceux des vestiaires et ceux d'une longue galerie.

On distingue deux principaux états du monument : un édifice de la haute époque hellénistique et un édifice impérial.

L'ÉDIFICE HELLÉNISTIQUE fut construit dans le premier quart du IIIᵉ siècle avant J.-C., c'est-à-dire peu après celui du sanctuaire d'Épidaure.

De son bâtiment de scène (fig. 10), il demeure un ensemble de fondations de poros, actuellement enfouies, deux couples de murs d'appareil polygonal et un couloir souterrain (fig. 11). Les blocs de l'élévation de l'édifice conservés en place sont peu nombreux, mais plusieurs d'entre eux ont été identifiés, remployés dans le bâtiment de scène impérial.

Le proskènion * (fig. 12-13), profond d'environ 2,50 m et long de 24,40 m, présentait vers l'orchestra une colonnade de vingt supports, probablement ioniques, espacés d'axe en axe de 1,26 m. La skènè *, de longueur inférieure à celle du proskènion, était une grande salle rectangulaire d'environ 19,10 m sur 5,20 m (en dimensions externes), d'où, par un passage souterrain, il était possible d'accéder à l'orchestra [4]. Deux rampes symétriques, contenues par les murs polygonaux, conduisaient à la fois à l'étage de la skènè et à l'estrade. Ces rampes faisaient un angle légèrement aigu avec l'axe du théâtre, en sorte que leurs extrémités, qui se trouvaient à l'aplomb des murs de refend édifiés dans les parodos *, marquaient nettement l'entrée dans l'orchestra. Dans le courant du IIe siècle avant J.-C., des portes de bois furent installées entre les rampes et les têtes des murs de refend, qui furent alors rognés. Le front de scène qui dominait le proskènion était probablement percé de cinq larges baies définies par des piliers. Un portique dorique, de près de 24 m sur 5,60 m en dimensions externes, était adossé à la skènè. Ses colonnes, dont quelques éléments sont assemblés à l'Est du bâtiment, avaient des fûts dont la partie inférieure était lisse et la partie supérieure cannelée.

A ce premier bâtiment de scène était associée une orchestra ouverte sur les parodos. Inscrit dans l'aire, un cercle de calcaire jouxté de deux tangentes servait aux évolutions des chœurs. Le cercle guidait les évolutions des chœurs cycliques du dithyrambe ; les deux tangentes celles des chœurs des tragédies et des comédies, qui évoluaient en formation rectangulaire.

Dans les parodos furent installés trois petits sanctuaires, dont les emplacements originels avaient été recouverts par le nouvel édifice.

— Dans la parodos Nord fut placé au pied du mur de soutènement du koilon un autel à deux compartiments de mêmes dimensions (0,51 m × 0,42 m ; prof. : 0,47 m), délimités par cinq plaques de calcaires fichées en terre. On y a trouvé les ossements calcinés d'animaux sacrifiés. La divinité à laquelle était consacré l'autel n'est pas connue, mais le dispositif sacrificiel la désigne comme une

---

(4) L'issue du passage dans l'orchestra est actuellement obturée par une trappe métallique.

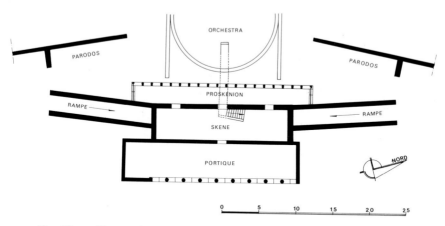

Fig. 12. — Plan restitué du bâtiment de scène hellénistique du théâtre :
le rez-de-chaussée (1/500ᵉ).

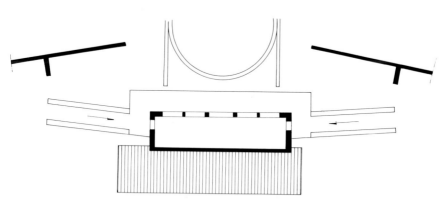

Fig. 13. — Plan restitué du bâtiment de scène hellénistique du théâtre :
l'étage (1/500ᵉ).

Fig. 15. — Le bas-relief des Dioscures
dans la parodos Sud du théâtre.

Fig. 14. — La borne de Zeus Eubouleus dans la parodos Sud du théâtre.

puissance chthonienne, c'est-à-dire liée à la terre. La paroi qui surplombe actuellement l'autel est celle d'un bassin construit au iie siècle avant J.-C., à un moment où le culte était abandonné.

— Dans la parodos Sud on a mis au jour une borne de Zeus Eubouleus (fig. 14), dieu chthonien, parèdre de Déméter. Elle est actuellement adossée au mur Est du passage. L'inscription qu'elle porte se lit aisément : Διϝὸς Ἐυβωλέος.

— Légèrement plus au Sud, à deux mètres au Sud du refend du mur qui soutient le remblai du koilon, se trouve, sculpté sur un ortho-state, un bas-relief représentant deux cavaliers (fig. 15). La technique employée, qui fait très peu ressortir les figures du fond, est fréquente dans les bas-reliefs taillés dans le calcaire local, difficile à travailler. Les deux personnages représentés sont les Dioscures, Castor et Pollux. Chacun d'eux porte un chapeau à larges bords, le pétase, une tunique courte, une petite cape et des bottes. Les chevaux, tenus par les rênes,

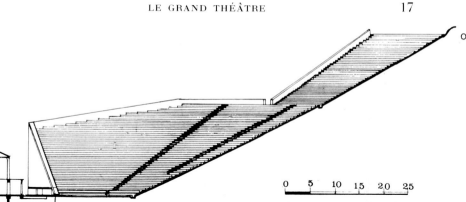

Fig. 16. — Coupe restituée du théâtre hellénistique (1/750ᵉ).

sont au repos. Celui de droite lève à la hauteur de son poitrail la jambe antérieure droite ; celui de gauche, de taille quelque peu supérieure, avance légèrement la jambe postérieure gauche. Le relief est surmonté d'une inscription très dégradée, dédicace ou règlement cultuel. L'ancienneté du culte des Dioscures dans la zone occupée par le théâtre a été confirmée par la découverte, à quelques mètres au Nord-Est du bas-relief, d'une dédicace aux deux Seigneurs⁵ (Ϝαναϟοιν), datée du vᵉ siècle avant J.-C.

A l'époque hellénistique le koilon (fig. 16) comprenait, outre la proédrie, quatre-vingt-six gradins divisés en deux parties par un diazoma (fig. 7) : la section inférieure comprenait quarante-neuf gradins, la section supérieure trente-sept. Il pouvait contenir environ vingt mille personnes si, selon les critères antiques, on attribue à chacun 0,40 m linéaire de gradin. Les spectateurs accédaient à leur place soit au niveau des parodos, soit au niveau du diazoma.

L'ÉDIFICE IMPÉRIAL fut aménagé dans le deuxième quart du iiᵉ siècle après J.-C., vraisemblablement aux frais d'Hadrien⁶. La plupart des vestiges visibles du bâtiment de scène (fig. 9-10) datent de cette période.

(5) *BCH* 80 (1956), p. 389, nᵒ 1.
(6) Cf. W. VOLLGRAFF, *BCH* 82 (1958), p. 554-555 (= *SEG* XI 340).

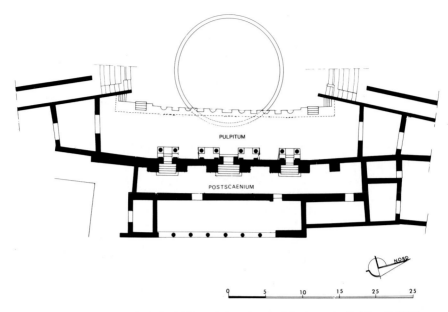

PULPITUM

POSTSCAENIUM

NORD

0   5   10   15   25   25

Fig. 17. — Plan restitué du bâtiment de scène hadrianique du théâtre (1/500ᵉ).

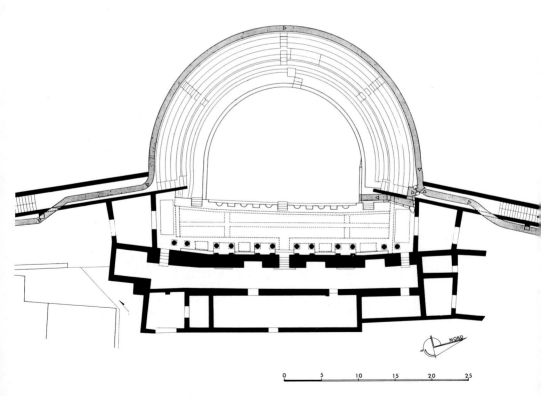

NORD

0   5   10   15   20   25

Fig. 18. — Plan restitué du dernier état du bâtiment de scène du théâtre (1/500ᵉ).

Un édifice scénique de type italique (fig. 17) fut construit sur les ruines de son prédécesseur hellénistique. Un pulpitum* haut de 1,20 m, long de 35 m et profond de 5,60 m remplaça le proskènion. Son front, rythmé de niches alternativement rectangulaires et semi-circulaires, clôtura l'orchestra, réalisant ainsi entre le bâtiment de scène et le koilon l'unité organique qui faisait défaut au théâtre hellénistique. Deux salles annexes, largement ouvertes sur l'estrade, furent installées dans les parodos. Le front de scène, de type rectiligne, comportait vraisemblablement deux niveaux de huit colonnes corinthiennes reposant sur quatre massifs de forme rectangulaire, plaqués contre le mur de fond, qui était percé de trois portes. Une salle longue et étroite (30,60 × 2,70 à 3,10 m en dimensions internes), sans division interne, servait de vestiaire (postscaenium*). Le portique hellénistique fut, semble-t-il, partiellement conservé.

Durant le iiie et le ive siècle ce bâtiment ne fut que peu modifié. Dans un premier temps le front du pulpitum fut orné de petits pilastres et deux mosaïques à motifs géométriques furent installées aux extrémités de l'estrade. Par la suite le postscaenium fut étendu de plus de 10 m vers le Sud et les portes latérales du front de scène furent déportées vers ses extrémités, en sorte qu'elles ouvraient sur les mosaïques du pulpitum (fig. 18).

Durant l'époque impériale, l'orchestra fut utilisée pour des spectacles de chasses et des combats de gladiateurs. On remarque en effet une série d'encastrements creusés sur le pourtour de l'orchestra dans le repose-pied de la proédrie. En y fichant des poutres reliées entre elles par des planches ou par un filet on isolait l'arène des gradins (fig. 19). Au ive siècle un bassin, dont on a conservé une section de la paroi Nord, constituée de six plaques dressées, fut construit dans l'orchestra (fig. 20). Il ne servait nullement à des naumachies, mais à des ballets aquatiques et à des mimes, dans lesquels les acteurs recomposaient des scènes mythiques qui se seraient déroulées dans l'eau. Le canal qui l'alimentait traversait le koilon au niveau du quatrième gradin. Pour son installation il fallut supprimer le cinquième gradin et créer un nouveau diazoma (fig. 18).

Vraisemblablement dès le premier réaménagement impérial un autre diazoma avait été aménagé par la suppression de trois gradins, au niveau du quarante-cinquième degré, pour pallier les problèmes de circulation posés par la fermeture des parodos. On note enfin, durant l'époque impériale, la construction d'une tribune au niveau du troisième degré et la mise en place d'un velum*, supporté par des mâts qui étaient fichés dans de grandes mortaises

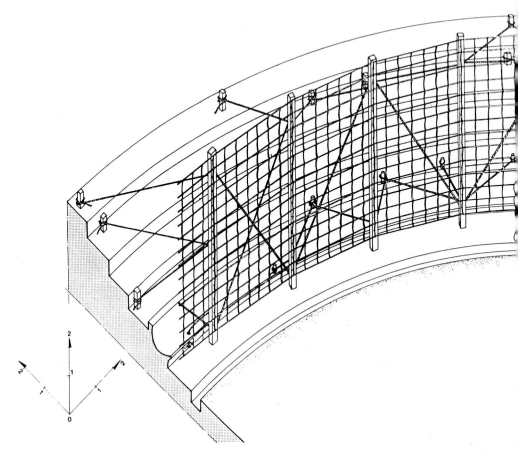

Fig. 19. — Perspective restituée du système de protection pour les chasses et les combats de gladiateurs autour de l'orchestra du théâtre (1/100ᵉ).

(0,34 m × 0,34 m ± ; prof. : 0,30 m ±) creusées dans le repose-pied du premier gradin et dans les onzième, vingt-troisième, trente-septième, quarante-huitième, soixante-et-unième et soixante-quator-zième degrés, soit environ tous les treize gradins. Le velum, qui ombrageait l'ensemble du koilon, était composé non pas d'une toile d'un seul tenant, qu'il eût été impossible de mettre en place, mais d'une série de petites voiles, de formes définies par les quatre mâts entre lesquels chacune d'elles était tendue. Sur ses deux petits bords,

Fig. 20. — L'orchestra avec le bassin (aujourd'hui détruit), du Sud-Ouest, en 1955.

chaque voile était vraisemblablement garnie d'anneaux coulissant sur des cordes reliant deux mâts contigus sur un même gradin (fig. 21).

FONCTION. C'est dans ce théâtre que se déroulaient tous les deux ans les épreuves musicales et dramatiques des Néméa, qui furent transférées de Némée à Argos au début de l'époque hellénistique. Ce concours, qui, avec ceux d'Olympie, de Delphes et de l'Isthme, faisait partie des quatre concours panhelléniques, fut associé à Argos aux Héraia célébrés en l'honneur de l'Héra argienne, qui, au IIIᵉ siècle avant J.-C., désertèrent l'Héraion pour la cité[7].

(7) P. AMANDRY, «Sur les concours argiens», BCH Suppl. VI (1980), p. 211-253 ; «Le bouclier d'Argos (Note complémentaire)», BCH 107 (1983), p. 627-634.

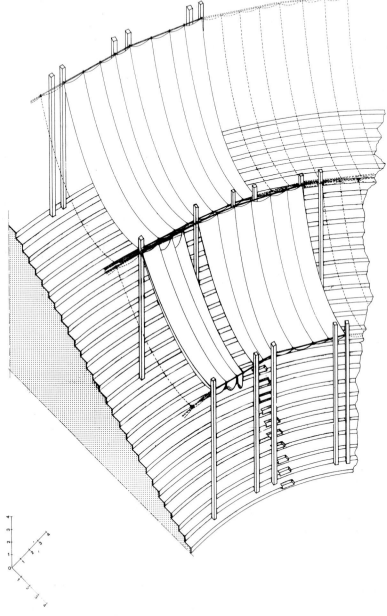

Fig. 21. — Perspective restituée
d'une portion du velum au théâtre (1/300ᵉ).

Quelques inscriptions nous ont conservé des informations sur leur programme. L'une d'elles[8] mentionne un Tégéate, qui remporta le prix comme acteur tragique aux Héraia vers la fin du IIIᵉ siècle avant J.-C. en jouant l'*Héraklès* et l'*Archélaos* d'Euripide. Il fut aussi vainqueur aux concours de tragédies des Grandes Dionysies d'Athènes, des Sôtéria de Delphes et des Naia de Dodone ainsi qu'au concours de lutte des Ptolémaia d'Alexandrie : nul doute qu'il s'agissait d'un acteur musclé.

Néméa et concours en l'honneur d'Héra, rebaptisé ἡ ἐξ Ἄργους ἀσπίς («le bouclier d'Argos») à partir du Iᵉʳ siècle après J.-C., continuèrent d'être célébrés au théâtre sous l'Empire. De nouveaux concours, liés au culte impérial, furent créés. L'un d'eux célébrait Antinoos, le favori d'Hadrien.

Le théâtre avait aussi une fonction politique : il servait aux réunions de l'assemblée du peuple et, à l'occasion, à celles d'assemblées fédérales.

Le monument, abandonné vers la fin du IVᵉ siècle après J.-C., fut utilisé en 1829 pour la réunion de la quatrième Assemblée nationale de la Grèce libre. Une salle fut alors construite dans l'orchestra pour accueillir les députés. Le rapport de l'expédition scientifique de Morée, qui visita Argos en 1829, précise qu'elle «s'ouvrait de tous côtés pour permettre aux spectateurs placés dans le théâtre de voir et d'entendre toutes les délibérations de l'assemblée»[9].

3. L'odéon [10].

L'odéon fut construit sur le premier théâtre d'Argos, le théâtron à gradins droits (fig. 22-23). Les deux monuments ne sont éloignés que de 100 m du théâtre. On y accède par la parodos Sud, en longeant le canal d'alimentation du bassin installé dans l'orchestra du grand théâtre.

Tout comme le théâtre, l'odéon, qui est un petit théâtre couvert, est composé d'un koilon, d'une orchestra et d'un bâtiment de scène.

On distingue deux états du monument. Si l'on examine l'extrémité Sud du koilon, on remarque en effet, sous une série de murs

(8) *Syll.*[3] 1080.

(9) A. BLOUET *et alii. Expédition scientifique de Morée* II (1833), p. 90.

(10) Publication : R. GINOUVÈS, *Le théâtron à gradins droits et l'odéon d'Argos, ÉtPélop* VI (1972), p. 83-215.

Fig. 22. — Vue générale de l'odéon, du Nord.

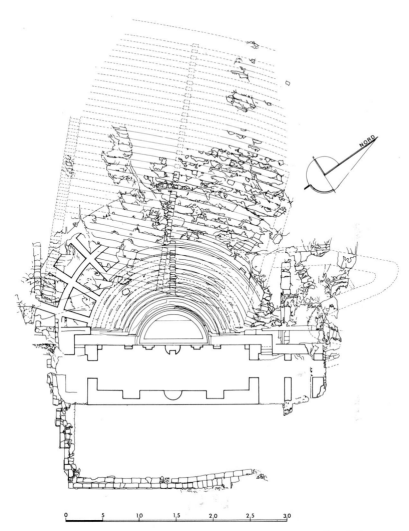

Fig. 23. — Plan général de l'odéon et du théatron à gradins droits.
En tireté restitution des gradins du théatron à gradins droits (1/500°).

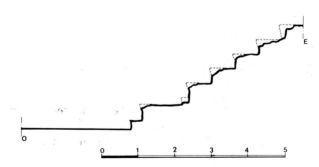

Fig. 24. — Coupe sur les premiers gradins de l'odéon
(1/100°).

rayonnants, appartenant à un odéon semi-circulaire, une construction rectiligne orientée Sud-Est/Nord-Ouest, qui limitait le koilon d'un odéon rectangulaire.

L'ODÉON RECTANGULAIRE fut construit au début du IIᵉ siècle après J.-C. Son bâtiment de scène est mal connu. Le pulpitum, dont le front était vraisemblablement rectiligne, tout comme le front de scène, était jouxté à ses extrémités de deux petites salles. L'orchestra, semi-circulaire, était accessible par des parodos voûtées, au-dessus desquelles étaient aménagées des tribunes. La naissance de la voûte de briques qui couvrait la parodos Nord est encore en place. Le koilon, d'une largeur intérieure de 29,50 m et d'une profondeur de 14,70 m, comprenait dans l'axe quatorze gradins. Celui qui bordait l'orchestra était pourvu d'un marche-pied et séparé des autres par un diazoma (fig. 24). Un autre diazoma parcourait le koilon au niveau du onzième gradin. Deux accès symétriques, au Nord et au Sud, conduisaient au niveau supérieur des gradins.

Dans le troisième tiers du IIᵉ siècle, la disposition intérieure de l'édifice fut partiellement modifiée (fig. 25). C'est de cette époque que datent le front de la scène et celui du pulpitum dont les vestiges sont actuellement visibles. Tous deux possèdent une niche centrale semi-circulaire et deux niches latérales rectangulaires, auxquelles s'ajoutent, pour le pulpitum, deux escaliers reliant l'orchestra à l'estrade. La mosaïque, aujourd'hui très dégradée, qui couvrait le sol de l'orchestra, appartient au même programme de réaménagement. Le panneau central en forme de segment de cercle (base longue de 8 m ; flèche haute de 6,60 m) est bordé d'une bande de peltes alternées large de 0,50 m. Une parallèle à sa base le divise en deux registres lisibles depuis les gradins. Sur le registre inférieur était représentée, entre deux rinceaux, une tête hirsute (fig. 26). Sur le registre principal, moins bien conservé, on distinguait l'image de deux tables dites «agonistiques» (fig. 27) car elles étaient associées à des représentations de prix remportés dans les concours : palmes, couronne, vase de bronze et bouclier rond. Bien que le motif soit fréquent dans le répertoire mosaïstique, il est vraisemblable qu'il fasse allusion à l'utilisation de l'odéon lors des Néméa, dont le prix était une couronne d'ache, et lors des concours en l'honneur de l'Héra argienne, dont le prix était un bouclier.

L'ODÉON SEMI-CIRCULAIRE (fig. 28) date de la seconde moitié du IIIᵉ siècle. L'adoption de ce nouveau plan permit d'augmenter la capacité du koilon, qui passa de 1105 à 1790 places. Outre le premier

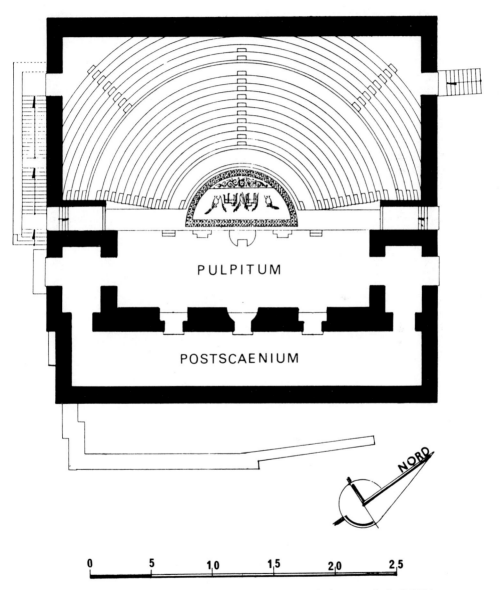

PULPITUM

POSTSCAENIUM

NORD

| 0 | 5 | 1,0 | 1,5 | 2,0 | 2,5 |

Fig. 25. — Plan restitué de l'odéon à la fin du ɪɪᵉ siècle après J.-C. (1/300ᵉ).

Fig. 26. — Mosaïque de l'orchestra de l'odéon :
la bande de peltes et la tête hirsute, de l'Ouest.

Fig. 27. — Mosaïque de l'orchestra de l'odéon : table agonistique, de l'Ouest.

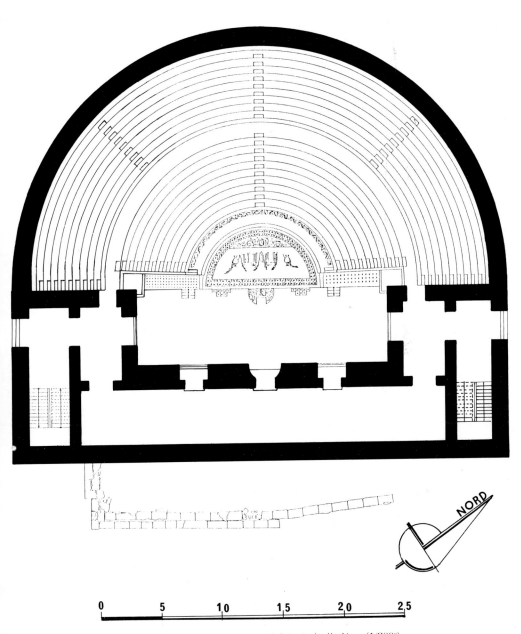

Fig. 28. — Plan restitué du second état de l'odéon (1/300ᵉ).

rang, séparé des autres par un diazoma, qui fut couvert d'une mosaïque à rinceaux, le koilon, de 40 m de diamètre, comprenait vingt gradins (ht. : 0,40 m ± ; prof. : 0,64 m ±), divisés en deux sections égales par un diazoma. La section inférieure, qui reposait principalement sur la roche entaillée, comportait deux kerkis ; la section supérieure, dont la partie Sud était supportée par un système de murs rayonnants et de voûtes biaises, en comportait quatre. Le sol des parodos et celui des niches du pulpitum furent mosaïqués. Le revêtement de la parodos Sud, formé de losanges bordés sur fond blanc, est signé du mosaïste Nikotélès. La mosaïque de la niche centrale du pulpitum représentait un canthare d'où sortaient des rinceaux, celles des niches latérales des motifs géométriques. Les tribunes furent légèrement avancées vers l'orchestra et les annexes du pulpitum furent doublées. La disposition du postscaenium n'est pas connue.

FONCTION. L'odéon, dont l'édifice scénique était comparable à celui du théâtre impérial, pouvait être utilisé pour le même genre de spectacles dramatiques et musicaux. Sa couverture et ses dimensions modestes lui conféraient cependant des qualités acoustiques supérieures à celles du grand théâtre. Il est vraisemblable que le monument a aussi servi de salle de conférences.

4. Le théatron à gradins droits [11].

Au-dessus du koilon de l'odéon, on remarque une série de gradins taillés dans le rocher naturel (fig. 29), vestige d'un théâtre traditionnellement appelé «théatron à gradins droits», bien que ses gradins dessinent en réalité une légère concavité et que le terme de «théatron», au sens où nous l'entendons, ne soit peut-être pas justifié. Le monument remonte au milieu du ve siècle avant J.-C. Ce fut le premier théâtre d'Argos et c'est l'un des plus anciens connus en Grèce. Il fut partiellement détruit lors de la construction de l'odéon impérial.

LE MONUMENT (fig. 23). Ses trente-sept gradins, inégalement conservés, ont en moyenne une hauteur de 0,32 m pour une profondeur de 0,90 m (fig. 30). Au-delà du trente-septième degré, il

(11) Publication : R. GINOUVÈS, *Le théatron à gradins droits et l'odéon d'Argos*, *ÉtPélop* VI (1972), p. 15-82.

Fig. 29. — Gradins du théatron à gradins droits, du Sud.

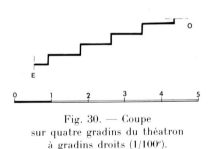

Fig. 30. — Coupe
sur quatre gradins du théatron
à gradins droits (1/100ᵉ).

existait vraisemblablement un passage horizontal servant à la
circulation au sommet du koilon. Un escalier divise verticalement les
gradins en deux parties, mais il n'y a pas trace de diazoma. Les
limites latérales du koilon sont difficiles à déterminer. Il semble que la
longueur des gradins augmentait à mesure que l'on progressait vers
l'Ouest. On estime entre 2300 et 2500 places la capacité du
monument.

Au bas du koilon était aménagée une aire plane, principalement constituée de terres de remblai. A environ 25 m à l'Est du premier gradin, on peut voir le contre-parement du mur qui les contenait. Il est construit en blocs de poros, dont plusieurs sont marqués de lettres de carriers. Le parement de calcaire qui le double sur environ 15 m lui est postérieur, tout comme le mur à redans qui limite actuellement la terrasse sur son flanc Sud. Ces deux constructions dateraient du début de l'époque hellénistique. Aucune trace d'un éventuel édifice scénique n'a été repérée.

FONCTION. A l'époque classique, le théâtron à gradins droits servait aux représentations dramatiques et musicales. Il était aussi le lieu de réunion de l'assemblée du peuple, l'Haliaia. Comme le monument est de peu postérieur à l'établissement de la démocratie à Argos, il est tentant de penser que sa fonction politique est à l'origine de sa construction. Rien n'indique qu'il fut abandonné avant la construction de l'odéon.

5. Le théâtron du sanctuaire d'Apollon Pythéen [12].

LE MONUMENT (fig. 31-32). A l'Est du grand autel d'Apollon, dont il ne demeure que le noyau rocheux, s'étend sur 27 m une série de degrés, taillés dans la roche naturelle. Bien qu'ils soient partiellement recouverts par des murs appartenant à une basilique byzantine, le parallélisme entre les deux constructions est patent. On compte selon les endroits cinq à neuf degrés. Ils ont en moyenne une hauteur de 0,22 m pour une profondeur de 0,45 m (fig. 33). Un puits de 0,90 m de diamètre est creusé dans les degrés supérieurs à 4,50 m de leur extrémité Nord.

(12) Publication : W. VOLLGRAFF, *Le sanctuaire d'Apollon Pythéen à Argos*, ÉtPélop I (1956), p. 43-49. Cf. aussi : W. A. MCDONALD, *The Political Meeting Places of the Greeks* (1943), p. 292-293 ; G. ROUX, *REG* 70 (1957), p. 480 et 485 ; *Id.*, *L'architecture en Argolide aux IVe et IIIe siècles avant J.-C.* (1961), p. 77-78 ; R. GINOUVÈS, *op. cit.*, p. 66.

Pour se rendre au sanctuaire d'Apollon Pythéen, se diriger vers le Nord en empruntant la rue Gounari. Bifurquer vers la gauche au troisième embranchement après l'église Saint Jean (direction : Larissa, Kastro), puis prendre sur la droite (direction : Aspis, Restaurant touristique) la petite route qui gravit la colline du Prophète Élie, aussi appelée, de nos jours, Aspis. Au bout de 200 m on atteint le sanctuaire. Descendre alors jusqu'à la terrasse inférieure où est situé le grand autel d'Apollon.

Fig. 31. — Vue générale de l'autel et du théatron d'Apollon Pythéen,
de l'Ouest.

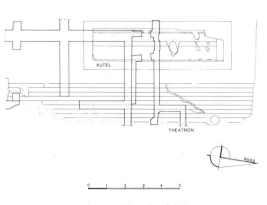

Fig. 32. — Plan du théatron
et de l'autel du sanctuaire d'Apollon Pythéen
(1/200ᵉ).

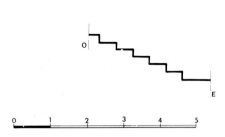

Fig. 33. — Coupe sur les premiers gradins
du théatron
du sanctuaire d'Apollon Pythéen (1/100ᵉ).

Le dispositif n'est pas autrement daté que par son association au grand autel, qui, si l'on en juge d'après la forme de ses scellements, semble avoir été construit à l'époque hellénistique.

FONCTION. Comme les degrés ne portent à leur surface aucune trace d'usure par les pas, on ne peut les interpréter comme les marches d'un escalier reliant la terrasse de l'autel à la terrasse supérieure. Il est même probable qu'ils ne pouvaient en faire office. Une série de marches sises au Nord de l'autel remplissait cette fonction. Les degrés sont cependant de hauteur et surtout de profondeur trop faible pour accueillir des rangées successives de spectateurs assis.

Selon G. Roux [13] ces gradins «représentent un artifice esthétique pour assurer, en arrière de l'autel, une transition progressive entre les deux terrasses, plus heureuse que ne l'aurait été une paroi rocheuse brutalement taillée à la verticale». Il n'est cependant pas douteux que ces degrés constituaient un emplacement de choix pour suivre les sacrifices puisque l'autel leur faisait face. Si telle était sinon la fonction, du moins l'une des utilisations du dispositif, les spectateurs devaient se placer debout sur les degrés ou n'utiliser qu'un degré sur deux.

(13) G. ROUX, loc. cit., p. 480.

REMARQUES GÉNÉRALES
SUR LES THÉÂTRES D'ARGOS

L'analyse des édifices d'Argos dotés de gradins donne lieu à quelques remarques sur l'architecture argienne et permet de relever certains traits de l'évolution du théâtre en Grèce.

Sites et situations des théâtres d'Argos.

L'emplacement du théâtron de l'agora et de celui du sanctuaire d'Apollon Pythéen furent déterminés par celui des autels auxquels ils étaient associés. Ceux du théâtron à gradins droits, du grand théâtre et de l'odéon furent, en revanche, le résultat d'un choix qui dut prendre en compte la morphologie du lieu ainsi que l'occupation antérieure du terrain et de ses abords.

Les Grecs ne maîtrisaient pas suffisamment la technique de la voûte pour édifier des koilons sur structure creuse. Leur stade de développement technique les obligeait donc à adosser les koilons de leurs théâtres, soit à un talus artificiel, comme ce fut le cas à Mantinée et à Dion, soit, comme ce fut généralement le cas, à une éminence naturelle. Le choix d'une pente rocheuse permettait de tailler l'ensemble (**4, 5**) ou partie (**2**) des gradins et, éventuellement, d'extraire lors de cette taille des blocs pour la construction de l'édifice scénique (**2**) : les frais d'achat et de transport de matériaux s'en trouvaient diminués d'autant.

L'intérêt économique qu'il y avait à limiter les travaux de terrassement et l'achat de matériaux n'explique cependant ni pourquoi tel emplacement et non tel autre fut retenu par les Argiens au flanc de l'acropole pour le théâtron à gradins droits et le grand théâtre, ni pourquoi ces deux monuments furent construits côte à côte. Des considérations d'ordre topographique et urbanistique permettent d'en rendre compte.

Si le flanc de la Larissa le plus proche de l'agora fut choisi, c'est parce que dans une cité grecque le théâtre est un lieu de réunion civique, complémentaire de l'agora. On sait ainsi que le premier théâtre d'Athènes se trouvait dans l'angle Nord-Ouest de la place publique. Quand, vraisemblablement vers le milieu du vᵉ siècle avant J.-C., un édifice permanent fut construit pour les réunions de l'assemblée du peuple (la Pnyx), il fut placé à faible distance de l'agora, son koilon tourné vers elle. Il en fut de même, et ce vers la même époque, à Argos (**4**) et il n'y a pas lieu de s'étonner qu'un siècle et demi plus tard les Argiens aient choisi pour l'édification d'un nouveau théâtre (**2**) un terrain voisin du théatron à gradins droits.

Il est de plus probable que ces constructions se sont intégrées dans un programme d'urbanisme monumental. Les terrains choisis se situent en effet à un niveau légèrement supérieur à celui du reste de la cité, en sorte que les deux monuments étaient visibles aussi bien de l'agora que des routes qui, du Sud (route de Sparte) ou de l'Est (Nauplie), conduisaient à la ville. La construction de l'odéon sur les gradins du théatron prouve qu'au IIᵉ siècle après J.-C. les Argiens réservaient encore ce secteur de la ville aux activités théâtrales et que, bien que maîtrisant alors la technique de la voûte, ils ne négligeaient ni l'économie résultant de l'adossement des gradins à une pente, ni l'effet spectaculaire produit par l'ensemble des deux édifices.

Fonctions et types d'architectures théâtrales.

Du point de vue fonctionnel les cinq édifices argiens décrits relèvent de trois catégories :

1. Le théatron du sanctuaire d'Apollon Pythéen et, vraisemblablement, celui de l'agora font partie des théâtres de sanctuaires, associés à des autels. Ce type de théatron est surtout attesté dans les sanctuaires où étaient représentés des drames sacrés, tels ceux de Déméter (Éleusis, Corinthe, Pergame) et des Kabires (Thèbes, Samothrace).

Au sanctuaire d'Artémis Orthia à Sparte tout comme au Kabirion de Thèbes, la façade du temple, devant laquelle était édifié un véritable koilon semi-ciculaire, servait de front de scène. Plus fréquentes sont cependant les installations qui ne comportent que quelques gradins (**1, 5**), souvent rectilignes (**5**). Il n'est pas rare que ces degrés soient étroits et peu élevés : les spectateurs s'y tenaient vraisemblablement debout. A l'Amphiareion d'Oropos, où l'on a découvert trois gradins, légèrement arqués, le long du grand autel d'Amphiaraos, une inscription[14] a conservé le nom antique de la construction. Elle la désigne comme le θέατρον κατὰ τὸν βωμόν, le «théatron bordant l'autel».

Dans les sanctuaires où il n'y avait pas de représentations de drames sacrés ces rangées de gradins permettaient de suivre le déroulement des sacrifices et, éventuellement, d'écouter et de voir la musique et les danses qui les accompagnaient. A l'agora d'Argos, l'unique gradin du théatron avait pour fonction supplémentaire de délimiter une orchestra consacrée : il était à la fois siège et péribole.

2. Le théatron à gradins droits et le grand théâtre appartiennent, malgré leur apparente diversité, à la même catégorie d'édifices de spectacle. Tous deux servaient à la fois à des réunions politiques et à des concours orchestiques, dramatiques et musicaux. Leurs différences formelles marquent seulement leur disparité chronologique. Le théatron à gradins droits fut édifié à une époque où le bâtiment de scène n'était pas encore un élément constitutif du théâtre grec. Au théâtre de Dionysos à Athènes la présence d'une skènè n'est pas dramatiquement attestée avant 458 avant J.-C., date de la représentation de l'*Orestie* d'Eschyle. Dans le reste de la Grèce, elle devint progressivement de règle au cours du IVe siècle avant J.-C.

3. L'odéon ne se différencie fondamentalement d'un théâtre que par sa toiture. Il est ce que les Latins appellent un *theatrum tectum*, un «théâtre couvert». Ses dispositions architecturales sont celles d'un théâtre. De la nécessité de limiter les dimensions du bâtiment à la portée des poutres de la couverture découle la petitesse de l'édifice. Rien cependant n'invite à penser que sa fonction ait beaucoup divergé de celle d'un théâtre découvert, même si son auditorium était mieux adapté aux auditions musicales et poétiques et aux jours de pluie.

La place des théâtres d'Argos dans l'évolution de l'architecture théâtrale en Grèce.

LE BÂTIMENT DE SCÈNE.

L'archéologie argienne n'apporte aucun élément nouveau à la connaissance du bâtiment de scène en Grèce à l'époque classique. Les

---

(14) *IG* VII 4255, l. 29-30 = *Syll.*[3] 973.

avis des spécialistes qui étudient les rares vestiges de théâtres et les assez nombreux textes de drames conservés datant de cette période divergent. Il semble qu'un édifice couvert oblong, parfois doté de paraskènions, ait servi de vestiaire. Sa face tournée vers le koilon était percée d'une ou trois portes. Les acteurs évoluaient soit au niveau même de l'orchestra, soit sur une estrade basse.

Dans la seconde moitié du IVᵉ siècle avant J.-C. apparaît un type d'édifice scénique nouveau, doté d'une estrade haute et étroite, qui, durant le dernier quart du IVᵉ et le premier quart du IIIᵉ siècle, se diffuse rapidement en Grèce (**2**), d'Élis à Thasos, en passant par Épidaure, Sicyone et Aigeira. Les modalités du spectacle ont alors changé. Les acteurs ne côtoient plus le chœur : ils évoluent continûment sur le proskènion, desservi soit par des escaliers latéraux, soit, ainsi que c'est généralement le cas dans le Péloponnèse, par des rampes (Aigeira, Argos [**2**], Corinthe, Élis, Épidaure, l'Isthme, Sicyone).

Les données sur les fronts de scène de ces théâtres du début de l'époque hellénistique sont rares, mais convergentes. Le mur de scène était percé de larges baies (trois, cinq [**2**] ou sept) donnant sur le plancher de l'estrade. Ces ouvertures étaient tantôt obturées par des panneaux de bois peints, tantôt laissées béantes, donnant à l'espace scénique une profondeur égale à celle de l'ensemble du bâtiment de scène.

La présence d'un passage souterrain reliant la skènè à l'orchestra et celle d'un portique adossé au bâtiment de scène ne sont pas de règle. Le théâtre d'Argos n'est cependant pas le seul à posséder ces deux dispositifs annexes. Ils sont aussi attestés au théâtre de Sicyone, qui présente maintes similitudes avec celui d'Argos.

Le bâtiment de scène connu en Italie à partir du début du Iᵉʳ siècle avant J.-C. se distingue de son prédécesseur grec hellénistique par trois caractéristiques : il est soudé au koilon, son estrade est basse et profonde, son front de scène, percé de trois portes, présente un ou plusieurs ordres de colonnes supportées par des piédestaux. Tous les édifices construits en Grèce à l'époque impériale, durant laquelle furent édifiés d'assez nombreux odéons (à Argos, à Athènes celui d'Agrippa et celui d'Hérode Atticus, à Corinthe, à Épidaure, à Nicopolis d'Épire, à Nicopolis ad Istrum, à Patras, à Thasos, à Thessalonique, à Verria), mais peu de théâtres nouveaux (à Dion, à Héraclée de Lynkestide, à Nicopolis d'Épire, à Stobi), ne possédaient pas ces trois caractéristiques. Elles sont présentes dans certains d'entre eux (**2**), ainsi que dans certains théâtres remaniés sous l'Empire (**3**). Plusieurs théâtres hellénistiques, tel celui d'Épidaure, continuèrent de fonctionner sans aucun aménagement.

Deux types de front de scène sont attestés en Grèce. Le front de scène rectiligne (**2**) est celui de presque tous les théâtres grecs construits ou remaniés à l'époque impériale. Le front de scène à niche médiane semi-circulaire (**3**) est en revanche fréquent dans les théâtres et les odéons d'Italie à l'époque impériale, mais rare en Grèce.

L'ORCHESTRA.

La forme de l'orchestra est déterminée par celle du bâtiment de scène et du koilon qui la limitent. Dans les théâtres du ve siècle avant J.-C. l'orchestra, bordée par des gradins rectilignes (**4**) ou composée de plusieurs sections rectilignes, est de contour polygonal. L'orchestra bornée par un koilon en demi-cercle prolongé apparaît au cours du ive siècle avant J.-C. et se diffuse rapidement au début de l'époque hellénistique, en concurrence avec le type où le koilon dessine à sa base un demi-cercle outrepassé (**2**).

Aux époques classique et hellénistique le sol de l'orchestra est de terre battue, car il sert de piste de danse (**1** [?], **2**, **4**). La présence dans l'aire d'un cercle de pierre est seulement connue en Grèce, aux théâtres d'Argos, de Corinthe, d'Épidaure et d'Oiniadai, en Acarnanie. Le dispositif réalisé au grand théâtre d'Argos, où deux tangentes jouxtent le cercle est, dans l'état actuel de nos connaissances, unique.

Dans le théâtre romain, l'orchestra n'est plus utilisée pour les spectacles et rien n'interdit alors qu'elle soit pavée ou mosaïquée (**3**). Elle prend la forme d'un demi-cercle, de dimensions réduites (**3**), parfois occupée par des sièges honorifiques.

En Grèce impériale, dans plusieurs théâtres construits à l'époque hellénistique, on profita des vastes dimensions de l'orchestra pour y donner des chasses et des combats de gladiateurs. Trois dispositifs différents ont été concurremment utilisés pour isoler, lors de ces spectacles dangereux, l'orchestra du koilon. A Athènes et à Delphes on édifia un parapet en pierre. A Argos (**2**) et à Érétrie on entoura l'orchestra de filets montés sur des mâts. A Corinthe, à Dodone, à Maronée, à Philippes et à Thasos on supprima les premiers gradins afin de créer une importante dénivellation entre le koilon et l'arène.

Les transformations d'orchestras en bassins pour ballets aquatiques sont plus rares. On en connaît à la fin du iiie ou au ive siècle après J.-C. aux théâtres d'Argos (**2**), d'Athènes et de Corinthe.

LE KOILON.

Au vᵉ siècle avant J.-C. les koilons sont constitués d'une volée de gradins rectilignes ou peu arqués (**4**), parfois flanquée d'ailes disposées à angles droits ou légèrement obtus : l'édifice de ce type le mieux conservé se trouve en Attique, à Thorikos. Dans certains théâtres il y avait, derrière une proédrie rectiligne de pierre, seulement un talus de terre. Les koilons à gradins rectilignes sont encore attestés au ivᵉ siècle et à l'époque hellénistique, surtout dans les théatrons de sanctuaires (**5**). Les koilons dont les gradins inférieurs dessinent des demi-cercles outrepassés (**1**, **2**) sont cependant les plus fréquents à partir de la seconde moitié du ivᵉ siècle avant J.-C.

Leur délimitation extérieure est largement tributaire de la nature du terrain où le théâtre est implanté. Le plan en arc de cercle est le plus répandu. Les koilons à flancs latéraux rectilignes (**2**) ne sont cependant pas rares.

La présence d'un ou de plusieurs diazomas n'est pas de règle. Des accès au koilon sont toujours aménagés à leurs extrémités. Dans certaines cités la division du koilon en kerkis était à l'image de celle du corps politique en tribus (**2** ?). Le nombre d'escaliers et de diazomas n'est en tout cas pas simplement proportionnel aux dimensions du koilon.

La maîtrise de la voûte permit de construire des théâtres sur structure creuse, libérés donc de toute contrainte topographique. Dans de tels édifices, il était possible d'organiser la circulation des spectateurs dans des galeries placées sous les gradins, donnant accès aux diazomas. Sous l'Empire, cependant, les Grecs restèrent généralement attachés à la tradition des koilons adossés, quitte à les compléter avec des gradins sur voûtes (**3**).

Dans les édifices construits à l'époque impériale, les koilons n'ont pas toujours la forme semi-circulaire des bâtiments romains (**3**). Certains, comme ceux de Dion et de Stobi, conservent le plan en demi-cercle outrepassé, hérité de la tradition hellénistique (**2**).

Pour recevoir le représentant du pouvoir impérial ou l'organisateur des spectacles, quelques édifices furent dotés de tribunes (**2**, **3**). Le velum, importation romaine, eut une faible diffusion (**2**).

LES PARODOS.

Les parodos du théâtre classique et hellénistique sont ouvertes. Divers moyens ont été mis en œuvre pour réguler cet accès à l'orchestra ou, du moins, pour marquer la limite entre l'intérieur et l'extérieur du théâtre. Il est rare que seule une différence de parement dans le mur de soutènement du koilon ou un simple mur de refend (**2**, iiie siècle avant J.-C.) ait marqué ce passage. Dans la plupart des théâtres des portes furent édifiées entre le koilon et le bâtiment de scène. Certaines d'entre elles étaient pourvues de vantaux (**2**, iie siècle avant J.-C.), d'autres non.

Dans les édifices romains où le bâtiment de scène est soudé au koilon, soit il n'existe pas d'accès latéraux à l'orchestra, soit ces accès sont voûtés (**3**). Ces voûtes supportent généralement des tribunes (**3**). Dans les théâtres de Grèce modifiés sous l'Empire, les parodos furent soit fermées (**2**), soit couvertes, selon que la jonction du bâtiment de scène au koilon se fît par extension du bâtiment de scène vers le koilon ou du koilon vers le bâtiment de scène.

Au regard de la place des théâtres d'Argos dans l'histoire de l'architecture théâtrale en Grèce, il n'y a donc pas lieu de parler d'une école argienne ; tout au plus peut-on noter la parenté du plan du grand théâtre dans son état hellénistique avec ceux du Nord-Est du Péloponnèse (Corinthe, Sicyone, Épidaure). Il convient en revanche de souligner l'importance du nombre d'édifices de spectacle construits dans la cité et la capacité qu'eurent les Argiens, durant près de neuf siècles, d'adapter leurs édifices aux nouvelles formes d'architectures et aux nouveaux types de spectacles. Tout cela laisse supposer un attrait particulier pour les représentations théâtrales.

GLOSSAIRE

Les définitions donnent le sens usuel des termes dans les études modernes sur le théâtre antique, où l'habitude s'est prise d'employer des termes d'origine grecque pour décrire les théâtres de Grèce et, en général, ceux qui datent des époques classique et hellénistique, et des termes d'origine latine pour décrire les théâtres d'Italie et, en général, ceux qui datent de l'époque impériale. Elles ne correspondent pas toujours à l'usage des Anciens. Les mots de genre neutre en grec ou en latin sont utilisés au masculin en français.

Abréviations :
f. = féminin ; gr. = mot d'origine grecque ; lat. = mot d'origine latine ; litt. = littéralement ; m. = masculin.

Diazoma (gr., m.) : litt. «ceinture». Passage, complémentaire des escaliers, permettant la circulation horizontale dans le koilon.

Kerkis (gr., f.) : litt. «coin» (latin : *cuneus*). Section du koilon délimitée par deux escaliers consécutifs.

Koilon (gr., m.) : litt. «creux, concavité» (latin : *cavea*). Ensemble formé par les gradins, qu'ils soient curvilignes ou rectilignes.

Odéon (gr., m.) : litt. «lieu où l'on chante». Théâtre couvert, de dimensions réduites, généralement utilisé pour la musique et les déclamations.

Orchestra (gr., f.) : litt. «lieu où l'on danse». Aire plane située entre le koilon et le bâtiment de scène, servant originellement à l'évolution du chœur.

Parodos (gr., f.) : litt. «passage de côté». Accès latéral à l'orchestra, limité par le bâtiment de scène et le koilon. A l'époque hellénistique les parodos, ouvertes, sont empruntées à la fois par les spectateurs pour atteindre les gradins inférieurs et par les artistes pour se rendre dans l'orchestra. A l'époque impériale, elles sont souvent couvertes par des gradins ou des tribunes et ne sont plus empruntées que par les spectateurs.

Postscaenium (lat., m.) : litt. «espace en arrière de la scène». Dans les théâtres de type italique, partie du bâtiment de scène placée derrière le front de scène et servant de vestiaire ; équivalent de la skènè des théâtres grecs.

Proédrie (gr., f.) : litt. «premier siège, première place». Banquette munie d'un dossier, placée sur le pourtour de l'orchestra de certains théâtres. Le privilège de siéger dans les premiers rangs était accordé à des prêtres, à des magistrats et à des bienfaiteurs de la cité.

Proskènion (gr., m.) : litt. «construction placée devant la skènè». Estrade haute (3 m ±) et étroite (2,50 m ±), sur laquelle évoluent les acteurs à l'époque hellénistique.

Pulpitum (lat., m.) : litt. «tréteau, estrade». Dans les théâtres de type italique, estrade basse (1,20 m ±) et profonde (5 m ±) sur laquelle évoluent les artistes.

Skènè (gr., f.) : litt. «baraque, tente». Partie centrale du bâtiment de scène. Le rez-de-chaussée sert de vestiaire. A l'époque hellénistique, la face de l'étage tournée vers le koilon est percée de larges baies ouvrant sur le proskènion.

Théâtre (gr., m.) : forme francisée du terme grec «théatron» ; *stricto sensu*, ensemble à ciel ouvert composé d'un koilon, d'une orchestra et d'un bâtiment de scène.

Théatron (gr., m.) : litt. «lieu d'où l'on voit». *Stricto sensu*, théâtre dénué de bâtiment de scène.

Velum (lat., m.) : litt. «voile». Ensemble de toiles tendues au-dessus des théâtres et des amphithéâtres pour protéger du soleil les spectateurs.

ORIENTATION BIBLIOGRAPHIQUE

E. FIETCHER, *Die Baugeschichtliche Entwicklung des antiken Theaters* (1914).

H. BULLE, *Untersuchungen an griechischen Theatern* (1928).

C. ANTI, *Teatri greci arcaici* (1947).

G. TRAVERSARI, *Gli spettacoli in acqua nel teatro tardo antico* (1960).

M. BIEBER, *The History of the Greek and Roman Theater* [2] (1961).

A. NEPPI MODONA, *Gli edifici teatrali greci e romani* (1962).

C. ANTI, L. POLACCO, *Nuove ricerche sui teatri greci arcaici* (1969).

R. MEINEL, *Das Odeion. Untersuchungen an überdachten antike Theatergebäude* (1980).

Fr. KOLB, *Agora und Theater, Volks- und Festversammlung* (1981).

E. FRÉZOULS, «Aspects de l'histoire architecturale du théâtre romain», *Aufstieg und Niedergang der römischen Welt* II, 12, 1 (1982), p. 343-441.

H.-D. BLUME, *Einführung in das antike Theaterwesen* [2] (1984).

S. GOGOS, «Zur Typologie vorhellenistischer Theaterarchitektur», *ÖJh* 59, Beib. (1989), col. 113-158.

PROVENANCE DES ILLUSTRATIONS

L'ensemble des dessins au trait a été repris par S. Diez, architecte. Sauf indication contraire les relevés et les restitutions sont de S. Diez et de l'auteur et les clichés de l'auteur.

Couverture : E. REY, *Voyage pittoresque en Grèce et dans le Levant fait en 1843-1844. Journal de voyage* (1847), t. I, pl. VIII : «Théâtre d'Argos. Gradins taillés dans le roc». Dessin daté du 18 septembre 1843. Cliché EFA, Ph. Collet.

Fig. 1 : D'après le plan topographique de la ville d'Argos.

Fig. 2 : Cliché A. Pariente.

Fig. 3 : D'après K. Kolokotsas.

Fig. 5 : Cliché EFA.

Fig. 11 : Cliché EFA, Ph. Collet.

Fig. 20 : Cliché G. Roux.

Fig. 22 ; 26 ; 27 ; 29 : Clichés R. Ginouvès.

Fig. 23 ; 25 ; 28 : D'après Y. Fomine.

Fig. 24 : D'après R. Ginouvès.

Fig. 32 : D'après W. van der Pluym.

4e de couverture : Masque tragique miniature en terre cuite trouvé à Argos. Ht. : 4,7 cm. Cliché EFA, Ph. Collet.

IMPRIMERIE A. BONTEMPS
87350 PANAZOL (FRANCE)
Dépôt légal : Mars 1993
Nº imprimeur : 2509-91